Francine Ferland

D1546216

LE JEU CHEZ L'ENFANT

Éditions du
CHU Sainte-Justine

Catalogage avant publication de Bibliothèque et Archives nationales du Québec et Bibliothèque et Archives Canada

Ferland, Francine

Le jeu chez l'enfant
(Questions réponses pour les parents)
Comprend des réf. bibliogr.
ISBN 978-2-89619-151-2

1. Jeu chez l'enfant - Miscellanées. 2. Parents et enfants -
Miscellanées. 3. Éducation des enfants - Miscellanées. I. Titre.
II. Collection : Questions réponses pour les parents.

HQ782.F47 2009   649'.5   C2009-940136-3

Conception graphique : Nicole Tétreault
Photo de la page couverture : Nancy Lessard
Photos intérieures : Claude Dolbec, Nancy Lessard, Charline Provost

Diffusion-Distribution :
            au Québec – Prologue inc.
            en France – CEDIF (diffusion) – Daudin (distribution)
            en Belgique et au Luxembourg – SDL Caravelle
            en Suisse – Servidis S.A.

Éditions du CHU Sainte-Justine
3175, chemin de la Côte-Sainte-Catherine
Montréal (Québec) H3T 1C5
Téléphone : (514) 345-4671 • Télécopieur : (514) 345-4631
www.chu-sainte-justine.org/editions

©Éditions du CHU Sainte-Justine, 2009
Tous droits réservés
ISBN : 978-2-89619-151-2

Dépôt légal : Bibliothèque et Archives nationales du Québec, 2009
            Bibliothèque et Archives Canada, 2009

La Fondation de l'Hôpital Sainte-Justine remercie les généreux
donateurs qui ont contribué au projet *UniverSanté des familles* et qui
ont permis de réaliser cette nouvelle collection pour les familles.

Merci d'agir pour l'amour des enfants !

Sommaire

Importance et fonctions du jeu

Le jeu parents-enfant

Les jouets

Partenaires de jeu

Le jeu à la rescousse des parents

Importance et fonctions du jeu

▶ **Le jeu est-il vraiment important pour l'enfant?**

Pour répondre à cette question, arrêtons-nous à ce que le jeu apporte à votre enfant. **Quand votre enfant joue**, il bouge, utilise ses muscles, se sert des objets, imagine des situations, exprime des sentiments, se relie aux autres. Ce faisant, il développe des habiletés motrices, perceptives, cognitives et sociales. Le jeu est une activité globale qui stimule son développement dans toutes ses composantes.

En jouant, votre enfant développe aussi ses ressources personnelles quand vient le temps de solutionner un problème ou de s'adapter à une situation inattendue. S'il échoue, ce n'est pas grave puisque ce n'est qu'un jeu. Il apprend alors à s'amuser avec les difficultés, à composer avec les frustrations et à apprivoiser l'échec dans un contexte où les conséquences sont minimes.

Même si votre enfant dépend de vous pour la plupart de ses soins (nourriture, habillement, hygiène), dans son jeu, il est le maître d'œuvre. C'est lui qui décide à quoi il joue, comment il joue, pendant combien de temps. Il éprouve alors un sentiment de contrôle sur les objets et de maîtrise sur la situation: il est capable! Très bon pour l'estime de soi!

Il peut également transformer la réalité selon ses désirs et décider de colorier le soleil en rouge ou de faire parler son ourson. Et voilà son imagination en action. Le jeu offre de la sorte à l'enfant une liberté d'action qui permet l'éclosion d'une pensée créative. Et que dire du jeu partagé avec d'autres enfants. Les partenaires de jeu lui fournissent l'occasion de négocier le partage des jouets, de tenir compte de l'opinion de l'autre, d'apprendre à créer des relations sociales harmonieuses.

En jouant, l'enfant développe donc des habiletés et des attitudes qu'il utilisera dans diverses situations de sa vie quotidienne. On pourrait dire que, dans son jeu, l'enfant s'exerce en quelque sorte pour la vraie vie, et ce, sans s'en rendre compte et dans le plaisir.

▶ **Ne serait-il pas préférable d'inscrire mon enfant d'âge préscolaire à des activités structurées (natation, danse…) qui lui apprendront des choses utiles plutôt que de simplement le laisser jouer?**

Jouer et suivre un cours sont des activités fort différentes l'une de l'autre et favorisent des apprentissages tout aussi différents chez l'enfant. Quand l'enfant suit un cours, par exemple de natation ou de danse, il apprend une technique précise (nager ou bouger avec grâce en suivant le rythme de la musique). Une telle activité structurée stimule un aspect spécifique de son développement. Dans un cours, il y a des règles précises que tous les participants doivent respecter. Ce genre d'activité ressemble en partie à ce qui se passe à l'école puisqu'on demande à l'enfant d'écouter, de suivre les directives et de contrôler ses émotions.

Un jeune enfant peut avoir du mal à répondre à toutes ces attentes pendant une heure entière. Cela lui sera plus facile si l'activité se fait dans une atmosphère de jeu et si elle correspond à ses intérêts. Si vous décidez d'inscrire votre enfant d'âge préscolaire à un cours, choisissez-le avec soin, en tenant compte de ses intérêts. Par ailleurs, il ne faut pas croire qu'une activité, parce qu'elle est structurée, est supérieure à une autre pour laquelle l'enfant doit s'organiser lui-même, comme dans son jeu, par exemple.

En fait, de la naissance à 6 ans, le jeu est l'activité la plus importante pour que l'enfant se développe harmonieusement et fasse de nombreux apprentissages qui lui seront utiles dans sa vie de tous les jours et qui lui assureront des bases précieuses pour son entrée à l'école.

▸ **On a souvent l'impression que nos enfants jouent moins que nous au même âge. Quelles conséquences cela peut-il avoir sur eux ?**

Il est vrai que de nombreux changements sont survenus dans le jeu des enfants d'aujourd'hui, comparativement à ce qui se passait avec les enfants des générations précédentes.

Saviez-vous que...

Le jeu a été reconnu comme un droit fondamental par la Convention internationale sur les droits de l'enfant, ratifiée par l'Organisation des Nations unies en 1989.

Les enfants **jouent moins souvent à l'extérieur** que nous le faisions dans notre enfance. L'environnement dans lequel ils évoluent est plus complexe et présente certains risques pour leur sécurité. La circulation plus dense représente un risque plus élevé d'accident pour celui qui déambule à pied ou à bicyclette. Les parents ont aussi d'autres craintes largement alimentées par les médias : notamment que leur enfant subisse l'attaque de prédateurs sexuels et qu'il soit même enlevé. En conséquence, les jeux à l'extérieur, que ce soit au parc ou dans la rue, se font sous la supervision d'un adulte et sont souvent limités.

Par ailleurs, les enfants d'aujourd'hui se passionnent pour de **nouveaux types de jouets**. Pensons aux jouets qui imitent les rayons laser, à ceux qui ont des allures de robot ou encore aux jeux électroniques, aux vidéos et aux logiciels éducatifs qui captent très tôt l'intérêt de nos enfants et qui monopolisent souvent leur temps libre. Longtemps, les jouets n'ont été que de simples copies de la réalité (camion, maison, dînette, poupées, animaux en peluche) ; ils reposent maintenant très souvent sur la mécanique et l'électronique.

Les enfants ont **moins de temps pour jouer**. En fait, le quotidien des familles ressemble la plupart du temps à un tourbillon dans lequel il est difficile de concilier travail et famille : les journées des parents sont trépidantes et très structurées, celles de l'enfant le sont également.

La famille aussi a connu des changements. L'enfant d'aujourd'hui a moins de frères et de sœurs, donc **moins de partenaires potentiels dans la famille même** et, en particulier, moins d'aînés pour surveiller les plus jeunes

à l'extérieur et leur faire connaître certains jeux traditionnels. De fait, de nombreux jeux traditionnels ont presque
disparu. Combien d'enfants de nos jours savent faire
tourner une toupie, jouer aux drapeaux, à colin-maillard
et à la marelle pour n'en nommer que quelques-uns?

Conséquences

La diminution de jeux à l'extérieur, combinée à la
pratique de jeux plus passifs (les jeux informatiques, par
exemple), contribue à l'obésité chez les jeunes : en restant
dans la maison, ils se dépensent moins physiquement. Par
ailleurs, les occasions de jouer avec les enfants du quartier
sont aussi réduites. Quant à ce partenaire virtuel qu'est
l'ordinateur, il ne saurait remplacer un vrai partenaire.

Parce qu'ils ont moins de temps libre, les enfants ne
développent pas leur façon personnelle de jouer.
Lorsqu'il leur arrive d'avoir une heure de libre, ils ne
savent souvent pas quoi faire. Ils ne savent pas s'organiser,
étant habitués depuis leur naissance à ce que tout leur
temps soit organisé par l'adulte. Pourtant, on souhaite
que nos enfants soient autonomes très tôt. L'autonomie
signifie la capacité de choisir, de décider. Dans son jeu,
c'est précisément ce que l'enfant fait : il organise son activité à sa manière. Encore faut-il qu'il ait du temps pour
jouer.

Pour jouer, l'enfant a besoin non seulement de matériel
de jeu (ce qu'il a abondamment de nos jours) mais aussi
de temps, d'espace (intérieur et extérieur) et de partenaires.
Mais pour que cela se réalise, il faut surtout que les adultes
qui l'accompagnent au quotidien valorisent cette activité
et en reconnaissent l'importance pour son développement
et son épanouissement.

▶ **Quand ma fille de 3 ½ ans joue à nourrir son ourson avec une pomme qui est en fait sa balle rouge, s'amuse-t-elle à m'imiter? Ce type de jeu est-il utile à son développement?**

Ce type de jeu s'appelle le *jeu de faire semblant*. C'est une étape plus avancée que la simple imitation. Vers 1 an, votre enfant, à l'aide de son téléphone jouet, pouvait vous imiter quand vous parliez au téléphone (imitation immédiate). Vers 18 mois, il pouvait probablement imiter une situation qu'il avait vécue auparavant (imitation différée): par exemple, gribouiller sur une feuille comme il vous avait vu faire quand vous prépariez la liste de courses à faire.

À 3 ½ ans, l'enfant imagine de nouvelles situations de jeu en utilisant sa pensée symbolique. Grâce à cette nouvelle habileté mentale, il peut se représenter des objets qui ne sont pas présents par un autre objet: comme l'image mentale qu'il s'est faite d'une pomme est un petit objet rond et rouge, il peut choisir une balle qui présente ces caractéristiques et faire semblant que c'est une pomme. Il change donc la fonction première des objets. La pâte à modeler aussi sert à diverses fonctions, devenant tantôt une pizza, tantôt des biscuits.

Ce type de jeu est à la base du développement de l'humour de l'enfant: celui-ci trouve drôle d'attribuer aux objets des fonctions inusitées. Et l'humour est associé chez l'enfant à la créativité, ce qui lui permet d'envisager une situation de différentes façons, de trouver plusieurs solutions à un problème. Ainsi, si l'enfant n'a pas de petit lit pour coucher son ourson, il pensera peut-être à utiliser une boîte de carton. N'ayant pas de couteau pour couper la pâte à modeler, il se servira d'un bâton. C'est là toute la force de la créativité qui permet à l'enfant de s'adapter à des situations imprévues.

Plus on laisse de latitude à l'enfant dans son jeu, plus on favorise sa créativité. Il faut donc encourager ses élans créateurs et ne pas freiner son imagination, ce qui arrive si on lui dit qu'on trouve ses idées farfelues. D'ailleurs, n'est-ce pas Albert Einstein qui disait que « l'imagination est plus importante que le savoir » ?

▶ **J'aimerais en savoir plus sur la créativité, son utilité chez l'enfant et les façons de la stimuler.**

Être créatif, c'est combiner de façon novatrice des idées ou des objets, c'est créer de nouvelles combinaisons d'éléments déjà existants. La créativité permet de considérer une situation sous différents angles et de s'adapter plus facilement aux imprévus de la vie.

Si votre enfant est créatif, devant un problème ou une situation inattendue, il saura faire preuve d'ingéniosité et trouver une autre façon de faire quand la manière habituelle ne fonctionne pas : il saura surmonter plus facilement les embûches quotidiennes. La créativité peut donc être utile à votre enfant même vous ne visez pas en faire un nouveau Léonard de Vinci.

En jouant, l'enfant manipule divers matériels, il les utilise de différentes façons et trouve des solutions aux problèmes qui se posent. Le jeu stimule de la sorte l'inventivité, l'ingéniosité et l'originalité de votre enfant.

Certains types de jouets sont plus propices que d'autres à stimuler sa créativité. Ce sont les jouets polyvalents qui

peuvent être utilisés de différentes façons selon le bon plaisir de l'enfant. Les blocs, la pâte à modeler, les boîtes de carton requièrent de l'enfant qu'il décide de l'usage qu'il veut en faire, qu'il crée sa propre action.

▶ **Y a-t-il des jeux créatifs amusants que je peux proposer à mon enfant?**

Oui, en voici d'ailleurs quelques-uns.

Les lignes à compléter

Étant jeune, vous avez sûrement joué à compléter un dessin à partir d'une ligne tracée par un partenaire. C'est là une bonne activité pour stimuler l'inventivité de votre enfant. Avec un enfant un peu plus vieux, le jeu peut être modifié en traçant non pas des lignes, mais des chiffres ou des lettres. Ainsi, un bonhomme de neige sera peut-être réalisé à partir du chiffre 8 que vous avez tracé ou ce sera un radieux soleil qui verra le jour à partir du chiffre 0. Ce jeu sera beaucoup plus agréable pour votre enfant si vous y participez aussi en complétant un dessin à partir des lignes qu'il trace à votre intention.

Un bricolage inusité

Le bricolage est une autre activité riche en possibilités créatives. Pour en maximiser le potentiel, fournissez à votre enfant des matériaux inusités: outre des cartons, ajoutez des éléments de la nature (plumes, brindilles, feuilles d'arbres), des pailles, des pâtes alimentaires, des cure-pipes de couleur et laissez votre enfant donner libre cours à son imagination. Les brindilles délimiteront peut-être des chemins, les plumes seront peut-être transformées en de beaux petits arbres exotiques ou en nuages, la ouate pourra représenter de la neige ou de la fumée sortant d'une cheminée. Ces matériaux inattendus stimulent, par leur nouveauté, l'imagination de votre enfant.

Jouons autrement

Pour ouvrir la porte aux élans créateurs de votre enfant, demandez-lui comment il pourrait utiliser différemment un matériel de jeu donné. Comment jouer avec un bol de crème glacée? À quoi cela pourrait-il servir? Un tambour? Mais oui, il ne manque que deux cuillers en bois pour compléter le tout. Une boîte aux trésors? Bonne idée. Un chapeau? Et oui, et on pourrait y ajouter quelques plumes en décoration. Et que pourrait-on faire avec une boîte de carton? Avec un bâton? Avec une corde?

Faire les choses autrement.

Vous êtes-vous déjà amusé à faire deviner à votre enfant le dessin (soleil, arbre) ou, s'il les connaît, le chiffre ou la lettre que vous traciez avec votre doigt dans son dos? Qu'est-ce que ça donnerait s'il essayait de dessiner les yeux fermés? Des yeux qui se retrouveraient à côté de la tête du bonhomme? Un soleil dont les rayons iraient dans tous les sens? Et vous-même, avez-vous déjà essayé?

Moment de doux délire à deux. Et si vous suggériez de faire des dessins à l'envers? Une pomme, un arbre? C'est amusant d'imaginer ce qui nous entoure sous un autre angle.

Ces diverses activités, faites pour s'amuser, ouvrent de nouvelles voies à la créativité de votre enfant. Elles l'incitent à aborder les choses différemment, à développer une souplesse de pensée et à composer avec l'inhabituel. En jouant de la sorte, peut-être stimulerez-vous également votre créativité. N'est-il pas dommage qu'en devenant adultes, notre créativité soit si souvent étouffée au détriment des normes à suivre en tout temps ? Pourtant, un peu de fantaisie et d'imagination au quotidien, cela peut être tellement rafraîchissant !

▶ Qu'est-ce que les jeux à l'ordinateur et les jeux vidéo apportent à l'enfant d'âge préscolaire ?

Une familiarisation avec le monde informatique pendant la période préscolaire peut être intéressante. Voyons ce qu'il en est.

Les jeux informatiques

Avec les jeux informatiques, l'enfant apprend à utiliser une souris, à déplacer le curseur sur l'écran et il découvre les rudiments de l'ordinateur. Les cédéroms pour enfants d'âge préscolaire (*Je découvre l'ordinateur, Jardin d'éveil, Adibou, Lapin malin…*) ou les jeux offerts sur divers sites (par exemple : www.pbs.org/caillou_french ou www.toupty.com) proposent des activités visant divers apprentissages : les couleurs, les formes, les grandeurs, les chiffres, la relation de cause à effet.

Ces jeux informatiques requièrent l'attention de l'enfant, sa concentration, sa mémoire, la reconnaissance visuelle des personnages et des objets, un bon sens de l'observation et une bonne coordination œil-main. Toutefois, ni la motricité globale, ni l'expression de sentiments ou la créativité et les relations aux autres ne sont stimulées.

Ces jeux sont interactifs puisque l'ordinateur réagit à l'action de l'enfant. Il lui indique s'il a réussi ce qui lui était demandé. Toutefois, dans ce monde virtuel, le partenaire de l'enfant est une machine qui n'apporte pas la même richesse d'expériences que le monde concret. Cela ne saurait remplacer une expérience concrète avec les objets, les personnes et l'environnement. Comme le dit Betty Mann de l'Association canadienne de la santé mentale, le lien avec de vraies personnes est essentiel pour développer les fonctions affectives et sociales de l'enfant, pour développer son intelligence émotionnelle.

Les jeux vidéos

Les jeux vidéo (consoles *PlayStation*®, *Game Boy*®, *Xbox*®…) requièrent une manette que l'enfant doit apprendre à contrôler. Cette manette demande une activité bilatérale, utilisant des actions différentes des deux mains. Sa manipulation est donc plus complexe que le déplacement de la souris. La majorité des jeux vidéo stimulent la concentration, la mémoire, la reconnaissance visuelle des personnages et des objets, la rapidité, un début de logique et une bonne coordination œil-main. La patience de l'enfant est aussi mise à rude épreuve puisque l'échec y est fréquent et que l'enfant doit souvent recommencer le même niveau. La majorité des jeux vidéo requièrent des habiletés pour comprendre les règles et y jouer efficacement que les tout-petits n'ont pas : ils sont donc peu appropriés pour eux.

En conclusion

L'ordinateur s'avère un outil de jeu et d'apprentissage intéressant pour l'enfant. Par contre, même si le monde virtuel offre son lot de stimulations à l'enfant, il ne saurait lui apporter la même richesse d'expériences que le monde réel. Il convient donc de limiter et de superviser l'utilisation de ces jeux afin d'éviter l'isolement de l'enfant et sa passivité. Ces jeux représentent une activité parmi d'autres ; pour votre enfant, ils ne devraient jamais être l'activité dominante de la journée. Il est alors plus facile de conserver cette bonne habitude à l'âge scolaire lorsque l'intérêt pour les jeux vidéos devient important.

Pour les familles qui n'ont pas d'ordinateur, sachez que les enfants qui arrivent à la maternelle sans expérience du monde de l'informatique rattrapent aisément ceux qui l'ont connu à la maison.

Le jeu parents-enfant

▶ **Les pères jouent souvent de façon très physique avec leurs jeunes fils. Cela peut-il rendre ces derniers agressifs envers les autres enfants?**

Plusieurs études démontrent que le père et la mère ne jouent pas de la même façon avec l'enfant et ce, dès son plus jeune âge. Le père propose davantage de jeux physiques alors que la mère joue plus souvent à des jeux de perception et de motricité fine – casse-tête (puzzle) dessins – et lui raconte davantage d'histoires.

Un chercheur, Daniel Paquette, s'est particulièrement intéressé aux jeux physiques du père avec son enfant (surtout avec son garçon). Il a publié un article fort intéressant à ce sujet dans la revue *Défi jeunesse* de janvier 2002: «Du nouveau dans la relation d'attachement père-enfant». Ses résultats nous apprennent que des jeux de bataille ou de lutte dans lesquels il y a une implication chaleureuse du père et un contrôle modéré de sa part faciliteraient le développement de la capacité d'autocontrôle de l'enfant et auraient un effet positif de celui-ci sur son environnement social. Donc, nulle crainte que le petit garçon devienne agressif envers les autres. Au contraire, il peut apprendre, grâce à ces jeux robustes avec son père, à mieux gérer son agressivité.

Toujours selon ce chercheur, il est important de respecter ces différences dans le jeu entre le père et la mère et d'éviter de féminiser le rôle parental, en demandant au père de se relier à l'enfant comme le fait la mère. De fait, les façons de faire de chacun des deux parents sont complémentaires et offrent à l'enfant une variété d'expériences.

▶ Mon bébé a 5 mois. Est-ce trop jeune pour commencer à jouer avec lui?

Votre bébé n'est pas trop jeune pour que vous jouiez avec lui. Voici quelques suggestions pour stimuler principalement ses sens (audition, vision, toucher...). Cela lui permettra d'emmagasiner une somme impressionnante de renseignements, tant sur lui-même que sur son environnement.

Incitez-le à regarder

- Attirez son regard sur des objets susceptibles de capter son attention: objets de couleurs, de grosseurs et de formes différentes, mobile musical... Cela l'incite à fixer un objet du regard, à en suivre le déplacement.

- Amusez-vous à faire le clown devant lui en reproduisant des grimaces, en imitant le bruit d'un moteur, en clignant des yeux, en gonflant vos joues. Aucun bébé ne résiste à ces mimiques.

- Imitez ses expressions faciales, ce qui maintient son intérêt à vous regarder.

Incitez-le à écouter

- Prenez l'habitude de parler à votre bébé quand vous lui prodiguez des soins: «Je vais changer ta couche...

Maintenant, tu sens bon. » Ce n'est pas parce que bébé ne parle pas qu'il ne bénéficie pas de votre monologue. Il entend alors des mots qu'il pourra utiliser plus tard.

- Chantez-lui de douces berceuses qui, en plus de lui apporter une stimulation auditive, le prédisposent au sommeil.

- Placez-vous devant l'enfant quand vous lui parlez, il verra bien votre visage et votre bouche. Vous capterez ainsi son regard, lui offrant une stimulation à la fois visuelle et auditive.

- Faites-lui écouter le tic-tac d'un réveille-matin ou d'une montre dans une oreille, puis dans l'autre.

- Imitez les sons qu'il fait, ce qui l'incitera à les répéter à son tour.

Incitez-le à toucher et à être touché

- Faites-lui des câlins, des caresses, des massages : le bain et l'« après bain » sont des moments privilégiés pour ces activités. En plus d'offrir à l'enfant une stimulation tactile, vous l'aidez aussi à ressentir les différentes parties de son corps. Ce contact rapproché lui communique également votre amour pour lui.

- Faites-lui découvrir la douceur des objets, en promenant sa main sur votre peau, sur la couverture de flanelle toute douce, en caressant sa joue avec son ourson.

- À l'intérieur de la maison, quand la température le permet, laissez-le en couches pour qu'il enregistre différentes sensations avec ses pieds, ses jambes et ses bras.

Faites-lui découvrir le mouvement

- Comme votre bébé est couché sur le dos pour dormir dans son lit, en périodes d'éveil, mettez-le à plat ventre sur un tapis ou sur une couverture à même le plancher. Il apprendra alors à relever la tête pour voir et tenter de saisir les jouets placés devant lui. Ce sera aussi l'occasion d'expérimenter ses premières roulades du ventre au dos.

- Quand il est couché sur le dos sur un tapis ou sur une couverture à même le plancher, déposez des objets attirants quelques centimètres au-dessus de sa tête, de part et d'autre. Pour mieux les voir, l'enfant renversera la tête vers l'arrière et tendra son bras vers ces objets, ce qui l'amènera à se tourner sur le ventre.

- Lors des changements de couches, faites un mouvement avec ses jambes comme s'il pédalait. Cela lui fera expérimenter des mouvements alternés aux membres inférieurs, comme ceux qui seront sollicités lors de la marche.

Amusez-vous bien, ayez du plaisir avec votre bébé !

Saviez-vous que...

Ce n'est que vers 9 mois que l'enfant relâche volontairement un jouet. Avant, il le laisse tomber sans s'en rendre compte. Voilà pourquoi le bébé de 9-10 mois aime jouer à remplir un contenant d'objets, à le vider et à recommencer : il pratique ainsi son habileté nouvelle à relâcher les objets.

▶ **Pourquoi est-il important de jouer avec son enfant?**

Jouer avec son enfant, c'est un moyen extraordinaire de créer avec lui une **interaction riche et mutuellement satisfaisante.** Quand vous jouez avec votre enfant, vous créez une douce complicité, vous riez des mêmes choses que lui, vous avez du plaisir avec lui et vous appréciez sa présence. Pour l'enfant, jouer avec papa ou maman, c'est aussi être bien avec eux.

Les périodes de jeu que l'enfant partage avec ses parents (même si ce n'est que quinze minutes par jour) lui confirment qu'il est important pour eux puisque ceux-ci lui consacrent **régulièrement** du temps.

De plus, dans le jeu, **parents et enfant se découvrent mutuellement.** De votre côté, vous prenez conscience de ce que votre enfant aime, de ce qu'il peut faire, comment il réagit, que ce soit au succès, à l'échec ou aux situations cocasses. Vous découvrez ainsi des facettes insoupçonnées chez lui. De son côté, votre enfant prend conscience que, comme lui, vous aimez rire, que vous pouvez avoir parfois de drôles d'idées et que vous éprouvez vous aussi du plaisir à jouer avec lui. Dans ce contexte privilégié, en dehors des consignes quotidiennes, vous devenez un être humain intéressant à découvrir.

▶ **Comment jouer avec son enfant?**

Quand on joue avec un enfant, quand on souhaite se mettre à son diapason et avoir du plaisir avec lui, il faut être vigilant afin d'éviter certains **pièges,** le premier étant de **vouloir transformer systématiquement le jeu en activité éducative.** Si tel est le cas, le jeu cessera rapidement d'en être un pour l'enfant puisqu'il n'aura ni la liberté d'action,

Mathilde, 18 mois, aime beaucoup jouer. Elle joue même dans son bain. Elle remplit un contenant d'eau savonneuse et le renverse sur son ventre, sur ses cuisses et même sur sa tête. Elle adore l'heure du bain. Elle aime beaucoup jouer le soir avec son père ou sa mère. Parfois, sa maman regarde un beau livre illustré avec elle. Mathilde sait reconnaître les images et, quand sa maman lui demande, «Vois-tu le soleil ou le petit chien?», elle les trouve toujours dans la page. Parfois, c'est son père qui s'amuse avec elle. Tous les deux jouent à se cacher derrière le fauteuil, sous la table, sous une couverture. Mathilde adore ce jeu: elle réussit toujours à trouver son père.

Elle s'amuse parfois à se regarder dans le miroir: elle trouve drôle de faire des grimaces ou des grands sourires. De plus, comme maman, elle a un bol pour faire la cuisine: il s'agit d'un contenant de crème glacée. Elle fait semblant de préparer elle aussi des recettes en brassant avec une cuiller de bois.

Mathilde va à la garderie; là, il y a beaucoup d'enfants. Ce que Mathilde aime, c'est jouer à côté des enfants: elle les regarde, mais elle ne joue pas encore avec eux. Elle aime beaucoup faire de la peinture avec ses doigts. Elle a aussi commencé à dessiner. En fait, elle ne dessine pas vraiment, elle fait des traits avec des crayons de cire. Elle est très fière quand l'éducatrice affiche sa peinture faite avec ses doigts ou son gribouillis au mur.

Oui, Mathilde aime beaucoup jouer.

ni le contrôle de la situation comme cela doit être dans le jeu. C'est un écueil à éviter à tout prix, sinon les avantages à retirer de cette activité partagée (complicité, plaisir, détente…) disparaissent.

Le deuxième piège à éviter est de **vouloir enseigner à jouer à l'enfant**. Le jeu est le domaine de force de l'enfant. Il n'a pas besoin de professeur de jeu. Ce sont plutôt les parents qui peuvent bénéficier de certaines pistes pour jouer avec leur enfant. Vouloir organiser toutes ses activités, y compris son jeu, représente un danger, celui de le maintenir dans un état de dépendance à votre égard. Si on lui dit toujours quoi faire et comment le faire, comment apprendra-t-il à choisir, à décider, à s'affirmer, à trouver des solutions à ses problèmes ? L'adulte peut bien sûr enrichir le jeu par des suggestions, mais il ne doit pas prendre le contrôle du jeu.

Un dernier piège guette certains parents : il s'agit de l'**intensité de leur participation au jeu**. Se voulant des compagnons de jeu enthousiastes, certains prennent une telle place qu'ils se substituent aux choix de l'enfant et envahissent son jeu. L'enfant est alors dépossédé d'un temps qui devrait lui appartenir et d'initiatives qui lui reviennent. Parfois, de façon non délibérée, l'adulte entre même en compétition avec l'enfant. Ce sera le cas, par exemple, du parent qui retrouve une activité de dessin qu'il a beaucoup aimée dans son jeune âge et qui ne voit pas le découragement de l'enfant qui prend conscience qu'il est loin de pouvoir faire aussi bien.

Pour véritablement jouer avec l'enfant, il faut délaisser, le temps que dure le jeu, votre rôle d'adulte, d'éducateur pour simplement être bien avec lui et partager son plaisir à jouer. Et n'ayez crainte, de tels moments de complicité ne risquent pas de compromettre votre autorité parentale. Au contraire. Votre enfant aura plus de facilité à suivre vos consignes après avoir partagé avec vous ces moments de pur bonheur.

> **Je suis parfois tellement fatigué que je n'ai aucune envie de jouer avec mon enfant qui, pourtant, le réclame à grands cris. Comment lui donner de l'attention sans nécessairement me retrouver par terre en train de jouer avec lui ?**

Quand vous êtes fatigué et que vous n'avez pas l'énergie pour jouer avec votre enfant, vous pouvez malgré tout lui donner de l'attention, simplement en le regardant jouer. Votre enfant sera très heureux d'être l'objet de votre attention : en effet, si vous prenez le temps de le regarder jouer, c'est sûrement qu'il est quelqu'un d'important pour vous et que son jeu l'est aussi.

De votre côté, vous pourrez profiter de cette occasion pour observer diverses habiletés chez votre enfant.

Ses habiletés sensorielles et perceptives

Réussit-il à insérer un personnage dans un espace restreint ou à entrer des gobelets de différentes grosseurs les uns dans les autres ? Oui ? C'est dire qu'il perçoit bien les grosseurs. Quand il fait un casse-tête, il vous démontre qu'il perçoit bien les formes et les couleurs. Quand il dessine, s'il limite son dessin à la feuille, sans dépasser sur la table, c'est là l'indication qu'il perçoit bien l'espace dont il dispose. Une bonne perception de l'espace et des dimensions de son corps lui permettent de se déplacer en évitant les obstacles.

Ses habiletés motrices

Quelle main utilise-t-il pour saisir les objets? Est-ce toujours la même? Choisit-il plutôt celle qui se trouve du même côté que les objets qu'il veut saisir? Cette observation chez votre enfant de 2 ans vous permet de connaître sa main préférée. Mais ne concluez pas trop vite qu'il est droitier ou gaucher. Ce n'est que vers 4 ans que vous pouvez véritablement le savoir.

Quand il saisit un objet, utilise-t-il ses doigts de façon différente selon la forme de l'objet, prenant à pleine main un personnage, resserrant ses cinq doigts sur une balle, tenant entre son pouce et son index un morceau de Lego®? Sait-il faire une tour de blocs, dévisser un jouet, attacher le bonnet de sa poupée, manœuvrer avec aisance sa petite auto sur le plancher? Tous ces gestes démontrent sa coordination et sa dextérité.

Quand il est assis sur le sol, peut-il garder son équilibre pour saisir un objet qui est loin devant lui? Si c'est le cas, alors il a développé des réactions de protection qui lui évitent de tomber. Est-ce aussi le cas quand les objets sont placés sur les côtés? Quand il marche, ses pas sont-ils assurés? Si oui, c'est dire que sa marche devient plus automatique et qu'il pourra bientôt transporter un objet en marchant. Peut-il s'accroupir, se mettre à genoux, se déplacer sur des surfaces inégales? Est-il capable de courir sans trébucher? De lancer un ballon sans perdre l'équilibre? De le frapper d'un pied? Ces observations vous renseigneront sur le développement de son équilibre et de ses habiletés de coordination qui impliquent tout son corps.

Ses habiletés cognitives

Les habiletés cognitives que développe votre enfant lui permettent de connaître et éventuellement de comprendre son environnement. Vers 9 mois, vous le voyez prendre plaisir à mettre de petits objets dans un contenant, le fermer et les ressortir, pour ensuite recommencer de nombreuses fois. Ennuyant selon vous? Ça ne l'est pas pour l'enfant : il joue alors avec le concept de permanence de l'objet. Ce jeu lui permet de prendre conscience que les objets continuent à exister même s'il ne les voit plus. À chaque fois qu'il ouvre le contenant, il voit qu'il a raison : les objets sont bien là. Ce type de jeu l'amène à se rassurer quand vous le quittez ; il apprend que, même s'il ne vous voit plus, vous n'êtes pas disparu et que vous existez toujours.

Votre enfant s'amuse-t-il à changer l'utilisation des objets? Peut-être utilise-t-il un bâtonnet comme couteau pour découper sa pâte à modeler ou saisit-il un bloc de bois pour le porter à son oreille et dire «Allô», ce bloc étant devenu un téléphone l'espace d'un instant. Votre enfant vous montre ainsi qu'il en est au stade du jeu de faire semblant.

Ses habiletés affectives et sociales

Votre enfant peut s'exprimer dans son jeu en prêtant des émotions aux personnages : ce chien s'ennuie, le fermier est fâché. Quand il joue, vous observez évidemment des manifestations de plaisir chez votre enfant : le plaisir est le partenaire indissociable du jeu. Toutefois, sachez qu'avoir du plaisir n'est pas synonyme de facilité : au contraire, voyez la concentration, la minutie, bref l'effort que fournit votre enfant pour réussir sa tour de blocs. Quand il a du plaisir, l'enfant est davantage porté à poursuivre son activité, en dépit des difficultés rencontrées. Ces activités qu'il veut réussir à tout prix correspondent aux activités préférées de votre enfant.

Dans son jeu, il fera aussi face à l'échec. Comment réagit-il alors? Cesse-t-il de jouer? Demande-t-il rapidement votre aide? Démontre-t-il de la persévérance? Vous saurez alors comment il réagit à la frustration. Quels jeux provoquent le plus souvent des réactions négatives chez votre enfant? La réponse à cette dernière question vous permettra de connaître les activités qu'il aime le moins.

Comment se comporte-t-il quand il joue avec d'autres enfants? Est-il un partenaire agréable? Sait-il entrer en contact avec un nouvel enfant (au parc par exemple) de façon adéquate? Accepte-t-il facilement de partager ses jouets? Ses observations vous permettent d'être témoin des habiletés de socialisation de votre enfant.

Dans son jeu, l'enfant vous dévoile donc ses habiletés, ses difficultés, ses intérêts. N'hésitez pas à observer votre enfant au jeu: il en sera tout heureux et, tout en vous reposant, vous le découvrirez sous un nouveau jour.

Saviez-vous que...

Jouer avec votre enfant peut agir sur vous comme une véritable thérapie antistress. En suivant le rythme de votre enfant, vous ralentissez le vôtre, vous découvrez l'élasticité du temps et vous profitez pleinement du moment présent.

▸ **J'aime beaucoup jouer à la cachette avec mon fils de 3 ans dans la maison. Je trouve toutefois étrange qu'il ne se cache pas entièrement. Je vois ses pieds dépasser derrière un meuble ou le dessus de sa tête derrière la table. Il ne semble pas s'en rendre compte. Je pense qu'il ne comprend pas très bien le jeu même s'il a quand même du plaisir. Qu'en est-il?**

À 3 ans, l'enfant est incapable de considérer un autre point de vue que le sien. S'il ne vous voit plus, il se croira très bien caché, car il est persuadé que vous ne pouvez pas le voir non plus. L'enfant de cet âge a une pensée égocentrique (à ne pas confondre avec l'égoïsme) qui l'amène à tout considérer de son seul point de vue.

Par ailleurs, les cachettes qu'il trouve sont probablement souvent les mêmes. Il retourne à la cachette où il vient tout juste de vous trouver. À cet âge, l'enfant n'est pas très stratégique.

Probablement est-il tenté de vous regarder quand vous vous cachez, de sortir de sa cachette si vous prenez trop de temps à le trouver ou de déclarer «Je ne te trouve pas» après quelques minutes passées à vous chercher. À cet âge, l'enfant a du mal à bien suivre des règles et il apprécie des activités de courte durée: il a besoin de satisfaction immédiate. Son plaisir réside non pas dans tout le processus du jeu, mais bien dans l'excitation du moment où vous le trouvez et de celui où il vous trouve.

Continuez à avoir du plaisir à jouer à cache-cache avec votre enfant. C'est pour lui l'occasion de développer une compréhension grandissante des règles du jeu, d'élaborer des stratégies de plus en plus raffinées ainsi que ses habiletés d'équilibre et sa coordination pour se glisser derrière un meuble, maintenir une position instable ou se déplacer rapidement vers une cachette. Par-dessus tout, c'est là une activité agréable pour vous deux qui vous permet d'avoir une interaction riche et stimulante avec votre enfant.

▶ **Quand on joue avec ses enfants, aux cartes par exemple, doit-on les laisser gagner?**

Pour un tout jeune enfant, gagner ou perdre a peu d'importance : c'est jouer qui lui procure du plaisir et pas nécessairement l'issue du jeu. Mais bientôt, l'enfant comprend le principe de perdre et de gagner. Il veut alors gagner et, si ce n'est pas le cas, il peut se fâcher ou cesser le jeu. L'enfant doit apprendre à perdre sans se sentir diminué et à gagner sans rabaisser les autres : ces comportements ne sont pas innés.

Les jeux où seul le hasard intervient sont souvent les premiers jeux avec un gagnant et un perdant que l'enfant partage avec l'adulte : c'est le cas du jeu de cartes *Rouge ou noire* ou du jeu de *Bataille*. Les chances de gagner sont les mêmes pour les deux partenaires. Ce type de jeu aide l'enfant à comprendre qu'il peut perdre un jour et gagner le lendemain.

Puis, l'enfant commence à s'intéresser à des jeux de société : jeu de dames, jeu de mémoire Loto® où il faut retrouver les paires identiques, jeu de dominos. L'issue de ces jeux n'est plus le fruit du hasard. Ces jeux reposent sur la compréhension de règles à suivre, sur la mémoire et sur un début de stratégie. Dans ces jeux, l'enfant apprend à suivre les règles qui régissent un jeu, à ne pas tricher, à gérer sa déception en cas d'échec, à gagner avec une certaine humilité.

Comme ces jeux sont plus exigeants pour l'enfant, l'adulte peut alors être tenté de faire en sorte de le laisser gagner. Il faut voir à ce que ce ne soit pas toujours le cas. Sinon, l'enfant aura l'illusion qu'il est le meilleur, qu'il est tout-puissant. Quelle déception il vivra quand il jouera avec quelqu'un d'autre! À l'inverse, s'il ne gagne jamais, il se désintéressera du jeu. L'idéal est de lui accorder une victoire de temps à autre pour le motiver à continuer de jouer et à développer ses habiletés. Quand il perd, mettez l'accent sur le plaisir du jeu en soi et non sur son résultat: «On s'est vraiment bien amusé!» Profitez du fait que vous perdez pour lui enseigner qu'il est normal d'être déçu quand on perd mais aussi qu'un échec n'est pas dramatique. «Ah! Non. J'ai perdu. J'ai pourtant travaillé fort pour gagner. Ce n'est pas grave. On ne peut pas toujours gagner!»

Au départ, l'enfant accepte plus facilement de perdre contre un adulte que contre un autre enfant. L'enfant trouve normal que l'adulte, qui connaît ce jeu depuis longtemps, gagne. Mais avec un enfant de son âge, il se retrouve sur un pied d'égalité et il a plus de mal à accepter que l'autre enfant soit meilleur que lui. Par ailleurs, quand l'adulte gagne, il sait (ou devrait savoir) gagner avec une certaine humilité, sans déprécier l'enfant: l'échec est alors plus facile à accepter.

Bientôt, vous n'aurez plus à **aider** votre enfant à gagner. À mesure qu'il développera ses habiletés, il réussira à gagner sans que vous y soyez pour quelque chose. Il deviendra aussi habile et stratégique que vous. Vous jouerez alors d'égal à égal.

Gagnant en étant le plus rapide ?

Parfois, dans le but d'accélérer le rythme de certaines routines, il nous arrive de recourir à la stratégie du **premier**, du **plus rapide**, en disant à ses enfants : « Qui sera le premier habillé ? » ou « Qui aura fini de ranger sa chambre le premier ? » Ce faisant, on met de l'avant un élément de compétition entre les enfants, ce qui entraîne un gagnant et un perdant. Ce n'est peut-être pas le meilleur moyen à utiliser pour les routines quotidiennes puisqu'on signifie de la sorte à nos enfants l'importance qu'on accorde à la victoire, au fait d'être le premier en tout et ce, parfois, au détriment d'une activité mieux faite qui prend davantage de temps.

Par ailleurs, l'enfant qui ne réussit pas à arriver le premier peut vivre cette situation comme un échec et se sentir déprécié par rapport à son frère ou sa sœur.

Avec le jeu, votre enfant peut apprendre à perdre et à gagner. C'est le lieu privilégié pour lui faire comprendre qu'on peut avoir du plaisir même si on n'est pas toujours le vainqueur, que la défaite n'est pas le signe de son infériorité ni la victoire, le signe de sa supériorité. Cela lui apprend surtout que le plaisir se trouve d'abord et avant tout dans le jeu lui-même et non exclusivement dans son issue.

Les jouets

▶ **Qu'est-ce qu'un bon jouet ? Y a-t-il des critères
pour définir un bon jouet ?**

Un bon jouet doit être solide, durable, attrayant, en
accord avec le niveau de développement de l'enfant et
présenter un bon rapport qualité/prix.

Pour des raisons évidentes, la **sécurité** d'un jouet doit
être la première caractéristique à considérer. Compte tenu
du coût des jouets, sa **durabilité** est également un facteur
à retenir. La qualité et la résistance du matériau utilisé
doivent être examinées ; un jouet en matière plastique
souple risque de se briser rapidement alors qu'un autre
fait d'un matériau plus résistant saura traverser les
années. Un jouet à composantes complexes (engrenage,
minuterie…) est souvent moins résistant qu'un jouet plus
simple. Également, celui qui contient de nombreuses
pièces et accessoires comporte un risque supplémen-
taire : si un élément du jeu est égaré, l'intérêt disparaît
rapidement.

Ces critères de sécurité et de durabilité sont essentiels,
mais ils ne sont toutefois pas les seuls qui sont requis pour
faire qu'un jouet soit bon pour l'enfant. Il y a plusieurs

années, le docteur Fitzhugh Dodson, dans son ouvrage *Tout se joue avant six ans*, proposait une façon simple d'identifier un bon jouet ; sa méthode est encore valable de nos jours. Selon lui, si 90 % du jeu vient de l'enfant et 10 % du jouet, c'est un bon jouet. Prenons par exemple des blocs de type Lego®. Avec ce matériel, le jeu n'apparaît que lorsque l'enfant décide d'être actif : les blocs sont dépendants des initiatives et de l'action de l'enfant. S'il demeure passif, rien ne se passe. Ce genre de jouet encourage l'enfant à mettre en œuvre ses capacités et son imagination et à trouver divers usages pour le matériel de jeu : c'est un jouet **polyvalent**.

Vous avez sûrement eu l'occasion de voir votre enfant s'intéresser davantage à l'emballage d'un cadeau qu'au cadeau lui-même. Cet emballage (boîte, ruban, chou décoratif), inerte en soi, peut se révéler un matériel de jeu fort intéressant si l'enfant le décide et s'il lui trouve diverses fonctions ; autrement dit, s'il le transforme en jouet polyvalent.

À l'inverse, un jouet qui ne donne lieu qu'à une seule activité sera plus rapidement délaissé : un train qui tourne inlassablement sur ses rails risque d'amener à court terme un désintérêt chez l'enfant (même si papa y trouve un plaisir toujours renouvelé). Ce jeu repose davantage sur le matériel lui-même que sur l'action de l'enfant ; en fait, il l'invite à la passivité et il est incapable de capter long-temps son attention.

Cependant, le critère ultime d'un bon jouet doit être le **plaisir** qu'en retire l'enfant. Le plaisir est le partenaire indissociable du jeu ; sans plaisir, il n'y a pas de jeu. Pour susciter le plaisir chez l'enfant, le jouet doit présenter un aspect de nouveauté ; en d'autres mots, il doit, à certains égards, être différent de ses autres jouets. Le défi proposé par le jouet doit être adapté à l'âge et au stade de développement de l'enfant et être perçu par ce dernier comme étant surmontable. Il faut donc éviter de lui acheter des jouets trop complexes pour son âge, car c'est le meilleur moyen pour qu'il développe un désintérêt marqué à leur égard, désintérêt qui pourrait persister au moment où il serait en âge de l'utiliser.

▶ **Les jouets portant l'étiquette « éducatifs » sont-ils meilleurs que les autres ?**

L'étiquette éducative est effectivement associée à certains jouets. Mais tout jouet qui permet un apprentissage n'est-il pas éducatif ? Un tricycle permet à l'enfant d'apprendre des choses au plan moteur tout comme un livre le fait au plan intellectuel. On pourrait donc dire que, d'une certaine manière, tous les jouets sont éducatifs.

Toutefois, un jouet identifié comme étant éducatif comporte habituellement un matériel de jeu qui vise un apprentissage précis : apprendre des mots, les lettres de l'alphabet, les chiffres, développer la mémoire visuelle, reconnaître des objets pareils et différents… Ce type de jouets est souvent peu polyvalent et il n'y a, en général, qu'une seule façon de l'utiliser.

Si le parent n'offre que ce type de jouets à son enfant, celui-ci risque d'apprendre à jouer de manière répétitive, sans développer sa fantaisie personnelle. Prenons l'exemple d'un jouet sur lequel divers objets sont représentés par des boutons ; en pressant ces boutons, le mot correspondant se fait entendre. Le risque est grand que le plaisir disparaisse rapidement avec un jouet si peu versatile.

Certains jouets dits éducatifs réussissent toutefois mieux que d'autres à maintenir l'intérêt de l'enfant. Pensons aux portiques d'activités sous lesquels le jeune bébé peut être couché et qui l'incitent à être actif pour entendre des sons, pour voir des couleurs variées. Un jeu très stimulant pour bébé.

Les jeux de lotos sont un exemple de jouets éducatifs susceptibles d'intéresser l'enfant plus âgé. Celui-ci doit retrouver deux cartons représentant des objets identiques parmi plusieurs cartons retournés face contre table. Ce type de jeu est différent à chaque fois (on ne sait jamais quels seront les premiers objets découverts) et, de plus, il peut se jouer avec un partenaire, ce qui le rend encore plus intéressant. Deux raisons qui contribuent à maintenir l'intérêt de l'enfant.

Par ailleurs, il y a plusieurs apprentissages qui peuvent être faits avec d'autres matériaux moins sophistiqués que ceux des jouets dits éducatifs. Par exemple, l'activité d'identifier les objets de même grosseur, de même forme, de même couleur peut se réaliser à l'aide de boîtes, de boutons, de blocs de bois.

Les jouets dits éducatifs sont donc intéressants, mais ils ne sont pas une panacée. Pour l'enfant, le plus important est la variété des jouets que l'on met à sa disposition.

Saviez-vous que...

L'enfant apprend plus rapidement sa langue maternelle dans un contexte de jeu.

▶ **Est-ce une bonne idée de mettre un enfant de 7 mois dans un parc pour jouer ?**

Le parc est un lieu où l'enfant peut jouer en toute sécurité en autant qu'il soit fait de mailles de filet de type moustiquaire, que les côtés soient stables et solides, et les clenches, bien fermées.

Toutefois, le moment où l'on pense à mettre l'enfant dans le parc (autour de 7 mois) correspond à celui où, au contraire, il a besoin d'élargir son espace puisqu'il commence à se déplacer. Il faut donc faire une utilisation limitée de ce parc. Quand le parent est occupé à une tâche qui l'empêche de surveiller son enfant, le parc peut dépanner. Sinon, il faut installer l'enfant de préférence sur un tapis avec des jouets, tout en le surveillant. En visite chez des amis, le parc peut devenir un lit approprié.

Cependant, il faut aussi penser à enlever les jouets sur lesquels l'enfant pourrait grimper et basculer à l'extérieur ainsi que tout morceau de tissu de type foulard qui pourrait étrangler l'enfant.

▶ **Pour ranger les jouets, est-ce mieux d'utiliser des tablettes ou un coffre ?**

Ces deux solutions présentent des avantages et des désavantages et peuvent devenir complémentaires.

Le coffre à jouets

Quand on fait disparaître tous les jouets dans le coffre, la chambre est rapidement rangée. Toutefois, comme les jouets s'y retrouvent pêle-mêle, l'enfant peut avoir de la difficulté à trouver les pièces qui vont avec tel ou tel jouet. De plus, quand le jeu se termine, il sera porté à laisser tomber ses jouets dans le coffre, risquant ainsi de les briser. Question de sécurité, si l'enfant dispose d'un coffre à jouets, il faut s'assurer qu'il y a une ouverture d'aération au cas où il s'y faufilerait; pour les mêmes raisons, le couvercle doit être léger et facile à soulever de l'intérieur.

Tablettes fixées au mur

Si on utilise des tablettes fixées au mur, l'enfant voit d'emblée l'ensemble de ses jouets et trouve facilement celui qu'il veut. Il peut aisément s'en saisir et le remettre à sa place tout seul. Les tablettes doivent toutefois être à la bonne hauteur, c'est-à-dire que l'enfant doit être capable, en levant le bras, de poser sa main à plat sur la tablette la plus haute.

Des bacs en plastique transparents regroupant des jouets qui vont ensemble aident l'enfant à les retrouver rapidement : un premier, pour la pâte à modeler et ses différents accessoires, un autre pour les marionnettes… Par contre, on a avantage à laisser sur le plancher les jouets plus lourds, comme un camion ou un panier de blocs.

Saviez-vous que...

Les jouets existent depuis l'Antiquité. Les Égyptiens fabriquaient de petites figurines de bois, de jade, d'argile et, parfois, d'os et de cire. Les jeux de hasard et d'habileté comme les osselets et les dés servaient à interroger les dieux.

Et pourquoi pas les deux ?

Au quotidien, les tablettes peuvent s'avérer plus utiles pour que l'enfant voie bien ses jouets et qu'il ait un accès facile. Toutefois, le coffre peut avoir d'autres fonctions que celle de ranger les jouets. Il peut servir à ranger les vêtements et les accessoires de déguisement de l'enfant, ou encore ses peluches. Le coffre peut aussi être utilisé pour faire le roulement des jouets : vous y rangez pour un temps certains jouets avec lesquels l'enfant ne joue plus, pour les ressortir plus tard. Parions que votre enfant aura plaisir à les redécouvrir et à leur trouver de nouveaux usages. Le coffre peut aussi faire office de coffre aux trésors pour conserver des souvenirs qu'il aura plaisir à ressortir occasionnellement : bracelet d'hôpital reçu à sa naissance, album de photos, jouets du temps où il était bébé…

▶ **Mon fils de 3 ans aime s'amuser avec les poupées de sa sœur. Dois-je m'en inquiéter ?**

Plusieurs croient que l'intérêt manifesté par l'enfant pour des jouets identifiés à son sexe est inné. Pourtant, les enfants d'âge préscolaire jouent fréquemment avec les mêmes jouets.

Saviez-vous que...

Un enfant de 6 à 9 mois est assis devant la télévision pendant 1 ½ heure chaque jour. D'ici à ce qu'il atteigne l'âge de 3 ans, le temps passé devant la télévision sera passé à 4 heures par jour !

Jusqu'à 4 ans environ, garçons et filles ont un égal bonheur à jouer avec des autos, à faire des constructions, à se déguiser, à reproduire des scènes de la vie quotidienne avec des bébés. Les enfants de cet âge sont curieux de découvrir les jouets des autres enfants et cela inclut ceux qui sont traditionnellement associés à l'autre sexe. Vous pouvez donc sans inquiétude laisser votre fils satisfaire sa curiosité.

Vers 4 ans, on commence à observer des intérêts différents chez les garçons et chez les filles. Les garçons préfèrent une trousse de bricoleur ou un camion alors que les filles ont davantage de plaisir avec une maison de poupée ou un livre de princesse. On voit aussi des différences dans la façon de jouer : les garçons optent davantage pour les jeux d'action alors que les filles choisissent plus souvent des jeux qui se déroulent sur une table. Encore là, la règle n'est pas absolue : le tempérament et les différences individuelles de chaque enfant peuvent influencer ses choix d'activités. Diverses études précisent d'ailleurs qu'aucune différence significative entre garçons et filles ne peut être décelée dans leur jeu avant l'âge de 7 ans. Comme vous voyez, votre petit est encore bien jeune pour que vous commenciez à vous inquiéter.

À partir de 6 ans, les différences deviennent plus évidentes. Quand ils entrent à l'école primaire, garçons et filles manifestent de plus en plus d'intérêt pour les jeux et les jouets qui sont socialement identifiés à leur sexe. Ils préfèrent aussi jouer avec des amis du même sexe qu'eux. Observez les enfants dans une cour de récréation : les filles jouent entre elles et il en va de même pour les garçons.

Il est important que l'enfant développe son identité personnelle et le jeu, tout comme les jouets, peut y contribuer. Toutefois, l'enfant a aussi le droit d'être curieux et d'utiliser des jouets qui ne lui étaient peut-être pas destinés. Les spécialistes du développement considèrent qu'une variété d'expériences devrait être offerte à l'enfant, sans qu'on fasse pression pour qu'il adopte un comportement typique de son sexe. Que l'enfant choisisse ce qui l'intéresse. Que votre fils de 3 ans s'intéresse aux poupées de sa sœur n'est donc pas inquiétant. Il a largement le temps de développer son intérêt pour des **jouets de garçons**.

Saviez-vous que...

Dans une étude menée auprès de jeunes singes rhésus des deux sexes, les mâles ont préféré les jouets avec des roues, comme les camions, aux poupées en peluche. Quant aux femelles, elles ont joué sans distinction avec les deux types de jouets. L'intérêt pour les jouets serait-il basé sur une tendance biologique, amplifié par les pressions sociales ? Voyez la vidéo sur le site suivant :

www.sciencepresse.qc.ca/node/20257

> ▶ **Les objets usuels peuvent-ils devenir de bons jouets maison?**

Voyons ce que des objets usuels peuvent devenir entre les mains de votre enfant.

Un contenant de crème glacée peut devenir:

- un bol à mélanger dans lequel préparer, à l'aide d'une cuiller de bois, un festin imaginaire;
- s'il est renversé, un tambour sur lequel frapper avec une baguette (cuiller de bois);
- avec un couvercle percé d'une fente et des cartons de couleur plus petits que la fente, une tirelire;
- avec un couvercle percé d'une ouverture circulaire et divers objets (épingle à linge, cuiller à mesurer), une boîte à trésors qu'il peut vider et remplir à plaisir;
- rempli d'eau et avec un pinceau, un attirail de peintre permettant de «peinturer» l'entrée de garage.

Une grosse boîte de carton peut devenir:

- une aide inédite pour assister votre enfant dans ses premiers pas;
- une maison avec des ouvertures, que l'enfant peut décorer à sa guise, pour voir à l'extérieur;
- un coffre pour certains de ses jouets;
- en enlevant le dessus, un bateau pour traverser l'Atlantique ou une auto permettant mille voyages imaginaires;
- percée d'une grande ouverture sur un des côtés, un téléviseur ou un théâtre qui permet à l'enfant de faire un spectacle.

Une boîte de forme allongée peut devenir :

- en ouvrant les deux bouts, un tunnel où faire rouler ses autos ou à traverser.

De petites boîtes peuvent devenir :

- des boîtes à encastrer les unes dans les autres ;
- montées les unes sur les autres, les murs d'une maison ;
- déposées les unes à côté des autres, les différentes pièces d'une maison.

Une corde peut devenir :

- attachée à deux chaises, une corde à linge, permettant, à l'aide de quelques épingles à linge, de suspendre les vêtements de sa poupée ou quelques-uns de ses propres vêtements. On peut aussi faire une exposition de ses chefs-d'œuvre (dessins) en utilisant à nouveau des épingles à linge ;
- tendue entre deux chaises et recouverte d'un drap, une tente où vivre de riches aventures ;
- un micro permettant d'imiter les chanteurs ou les journalistes, s'il s'agit d'une grosse corde dont l'un des bouts est recouvert de tissu ;
- déposée par terre et repliée en deux, une rivière remplie d'alligators qui doit être traversée d'un seul bond.

Une valise de vêtements et d'accessoires (chapeau, ceinture, bourse, cape, foulard…) peut devenir :

- le matériel idéal pour permettre à l'enfant de se transformer en personnage de son choix, de jouer un rôle et de pratiquer certaines habiletés d'habillage.

Des éponges peuvent devenir :

- plusieurs éponges peuvent permettre d'ériger un muret qui ne blessera personne s'il s'écroule ;

- de petites éponges trempées dans la peinture peuvent être utilisées pour faire de l'imprimerie (tout comme des pommes de terre coupées en deux sur lesquelles on a sculpté une forme simple (une étoile, un cercle, un cœur...).

Une boîte remplie de divers matériaux (ouate, pailles, bâtons, pâtes alimentaires...) peut devenir :

- un matériel de choix pour le bricolage ;

- des pailles, coupées en petits morceaux dans lesquels on enfile une laine, peuvent devenir un magnifique collier ; pour l'agrémenter, on peut y intercaler des boutons.

Une feuille de papier peut devenir :

- un matériau pour dessiner et utile pour le bricolage ;

- des avions ou des chapeaux après avoir appris à les plier de la bonne façon.

Saviez-vous que...

Un rouleau cartonné de papier de toilette peut vous permettre de déterminer si un jouet (ou un élément d'un jouet) est trop petit pour votre enfant de moins de 3 ans ; en effet, tout objet qui passe dans ce tube représente un risque d'étouffement.

▶ Y a-t-il des mesures de sécurité à prendre avec les jouets?

Certaines précautions doivent être prises quand on fabrique des jouets maison. Il faut aussi pouvoir reconnaître ce qui n'est pas un jouet pour un jeune enfant et ce qui peut devenir un jouet dangereux pour lui.

Les jouets maison

Si maman ou grand-maman a la bonne idée de fabriquer quelques jouets en tissu, il faut s'assurer de la **solidité des accessoires** qui sont cousus. Ainsi, si des boutons sont devenus les yeux d'un animal, il faut vérifier la résistance de la couture en tirant avec force sur les boutons. S'ils résistent à ce geste, ils en feront tout autant quand l'enfant les manipulera. Par ailleurs, certains tissus sont faits avec une teinture de qualité médiocre. Comme le jeune enfant porte tout à sa bouche, vous pourriez le voir grimacer. À la réception d'un jouet maison en tissu, « goûtez-le »; vous reconnaîtrez alors la **qualité de la teinture**.

Des jouets qui n'en sont pas

Divers objets s'avèrent dangereux pour un jeune enfant. Ainsi en est-il des **ballons gonflables**. Le plus grand nombre de décès liés à des jouets sont attribuables à l'étouffement avec des ballons non gonflés ou avec des morceaux de ballons crevés. Il faut donc surveiller de près des enfants qui jouent avec ces ballons et jeter immédiatement les morceaux de ballons crevés.

Le **papier journal** (ou d'emballage ou les feuilles d'un catalogue) peut aisément être déchiré par un enfant. Portés à sa bouche, ces morceaux de papier peuvent obstruer ses voies respiratoires. Mettez les journaux hors de la portée du jeune enfant et offrez-lui plutôt des livres cartonnés faits spécialement pour résister aux petites mains curieuses.

Les **sacs de plastique** ne doivent pas non plus servir de jouets. À surveiller : les emballages de jouets, les enveloppes de plastique recouvrant les vêtements nettoyés à sec, les sacs d'épicerie. Dès l'arrivée à la maison, on les jette ou on les noue, et on les range pour un recyclage ultérieur. Quand on souhaite ranger les jouets d'un jeune enfant pour un certain temps, mieux vaut plutôt utiliser une boîte de carton qu'un sac de plastique.

Des jouets à surveiller

Les enfants peuvent se brûler avec des jouets à pile qui surchauffent. Assurez-vous que les piles sont correctement insérées dans le jouet ; c'est d'ailleurs un adulte qui doit changer les piles et non l'enfant. Si les piles sont facilement accessibles pour l'enfant, elles présentent un danger. Enfin, les jouets à pile n'ont pas leur place dans le lit de l'enfant : un ourson, c'est beaucoup mieux et tellement plus doux ! Il faut aussi apprendre aux enfants à ne pas approcher leur tête des véhicules à roues qui fonctionnent avec des piles, car leurs cheveux peuvent s'y emmêler.

Les jouets d'enfants plus âgés peuvent devenir une cause d'accident pour le jeune enfant. Il faut donc mettre hors de sa portée tout ce qui pourrait être avalé : petites pièces d'un jouet, personnages miniatures. Cette précaution est valable pour tous les enfants de moins de 3 ans. Des jouets en mousse, balles ou personnages, sont à bannir pour le jeune enfant parce qu'il peut les déchirer et s'étouffer. Les jouets bruyants qui sont régulièrement utilisés par l'enfant peuvent avoir un impact sur son audition. Il faut être d'autant plus attentif à cette caractéristique que, compte tenu de la taille de l'enfant, celui-ci entend toujours le bruit de très près. Vérifiez la force du bruit produit par le jouet en approchant celui-ci de votre oreille ; vous aurez alors une meilleure estimation.

Les **jouets projectiles**, ceux munis de pièces à propulsion, fort appréciés par l'enfant d'âge préscolaire, peuvent blesser un jeune enfant, surtout aux yeux. Enseignez à votre enfant à ne jamais pointer ce jouet en direction d'une personne.

Enfin, il faut régulièrement vérifier que les jouets de votre enfant sont intacts ; assurez-vous qu'ils ne sont pas brisés, qu'ils ne présentent aucune arête coupante et que les coutures des peluches sont toujours solides.

▶ À partir de quel âge un enfant s'intéresse-t-il aux jouets ?

Le monde des jouets ne devient important pour l'enfant que vers 4 mois, quand il commence à vouloir les saisir. Auparavant, des parents qui lui parlent, le bercent, le caressent, lui chantent des chansons douces, lui offrent une décoration stimulante, des objets attirants à regarder (en mouvement, offrant des contrastes de couleur ou produisant des sons) suffisent. Si on lui met un jouet en mains, il le tiendra, mais c'est là le réflexe d'agrippement et non une préhension volontaire.

Vers 4 mois, il apprécie les objets faciles à saisir à pleines mains. En effet, à cet âge, il n'est pas encore très habile pour refermer ses doigts sur les objets. Au fil des semaines, les jouets qui réagissent à son action ont de plus en plus la cote : hochet qui émet un bruit quand on le bouge, jouet sur lequel apparaît une lumière quand il est pris en mains. L'effet obtenu incite l'enfant à répéter l'action afin de provoquer à nouveau cet effet qu'il trouve intéressant. Il aime aussi les objets qui bougent, qui font entendre des sons et qui brillent.

Au cours des mois suivants, pensez à mettre à la portée de votre enfant des jouets de formes et de tailles différentes (blocs de bois, cylindres, objets ronds…). Ainsi, il apprendra à adapter sa préhension à la forme des objets et à utiliser ses doigts de différentes façons.

Saviez-vous que...

Il est dangereux d'utiliser de vieilles piles avec des piles neuves, des piles alcalines avec d'autres au carbone, des piles rechargeables avec d'autres qui ne le sont pas.

Partenaires de jeu

▸ **Notre fils de 2 ½ ans ne joue jamais seul. Si son frère aîné n'est pas là, il s'ennuie et ne sait pas quoi faire. Comment l'aider ?**

Il est possible que votre fils n'ait jamais eu l'occasion d'apprendre à jouer seul. Il ne sait pas comment s'organiser. Peut-être a-t-il l'impression qu'il ne saura pas trouver tout seul un jeu amusant à faire ; il n'a pas développé de confiance en ses habiletés. Il est peut-être tellement sociable qu'il ne se sent bien qu'entouré par d'autres enfants ou par des adultes pour partager ses jeux.

Pour l'enfant qui ne sait pas s'organiser, la seule proximité physique du parent et quelques suggestions occasionnelles peuvent suffire pour l'inciter à jouer. « C'est ton auto rouge que tu as dans la main ? Est-ce qu'elle peut aller vite ? » Quand l'enfant prend une initiative, il ne faut pas hésiter à la commenter : de la sorte, il est incité à poursuivre son jeu. « Ton auto veut monter sur le sofa ? Va-t-elle réussir ? C'est haut. » À l'occasion, on peut faire une suggestion pour enrichir son jeu : « Penses-tu que ta voiture aimerait descendre une grosse montagne ? Tu peux prendre ce carton et l'appuyer sur le sofa pour voir si ta voiture roule bien en descendant. »

Pour l'enfant qui n'a pas confiance en ses habiletés, il est souhaitable que le matériel de jeu soit suffisamment simple pour qu'il n'ait pas besoin de quelqu'un d'autre pour s'en servir. Il pourra alors l'utiliser seul et découvrir le plaisir de faire quelque chose par lui-même. Il ne faut pas hésiter à le féliciter pour ce qu'il a réussi à faire. La moindre marque d'appréciation ne pourra que renforcer son estime de soi et l'incitera à recommencer.

À l'enfant qui souhaite être entouré de personnes, on peut proposer des activités dont il pourra montrer plus tard le résultat aux autres: ce peut être un dessin pour grand-maman, une construction qu'il gardera intacte pour la montrer à papa à son retour du travail.

▸ **Ma fille de 4 ans veut avoir un chien. Elle m'assure qu'elle et son petit frère de 1 an joueraient avec lui et qu'elle s'occuperait elle-même de lui donner à manger et de le brosser. Qu'en penser?**

La demande de votre fille ressemble à celles de beaucoup d'enfants. En fait, tous les enfants d'âge préscolaire réclament un jour ou l'autre un animal domestique à leurs parents. Un animal peut être un partenaire de jeu intéressant pour l'enfant, mais c'est un partenaire qui demande des soins et des égards particuliers.

Quant à votre fils de 1 an, un animal, que ce soit un chat ou un chien, peut l'inciter à se déplacer: il cherchera à suivre ce nouveau compagnon à quatre pattes. Il voudra aussi l'appeler et lui parler: de la sorte, l'animal peut stimuler son langage.

Avec un enfant plus vieux, comme votre fille de 4 ans, l'animal peut remplacer l'ami absent et devenir un partenaire de jeu. S'il est tout petit, l'animal acceptera peut-être d'être déposé dans une poussette pendant quelques minutes ou d'avoir un bonnet sur la tête. Toutefois, nul doute qu'il préférera les jeux extérieurs au cours desquels il incitera votre enfant à courir ; de son côté, ce dernier pourra lui apprendre à rapporter le bâton qu'il lui lance. L'animal peut aussi devenir un confident, celui à qui livrer ses peines, ses frustrations tout autant que ses joies, celui qui peut tout entendre et qui sait rester discret.

Par contre, il faut tenir compte d'une autre réalité : l'animal, il faut le nourrir, le brosser, le sortir (même quand cela ne nous tente pas), le faire garder lors d'une absence prolongée. Ce partenaire de jeu ne voudra pas toujours jouer quand l'enfant le désire. Il réagira si l'enfant le dérange quand il mange. En somme, l'enfant devra apprendre à ne pas traiter ce nouveau membre de la famille comme un jouet, à le respecter et à faire des compromis.

Enfin, bien que votre fille de 4 ans puisse effectivement participer à la préparation des repas de l'animal et aider à sa toilette (et qu'elle soit très sincère quand elle promet de le faire), elle ne saurait en assumer l'entière responsabilité. S'occuper de l'autre, respecter ses engagements, assumer ses responsabilités sont des acquis qui se développent à l'âge scolaire. Un enfant de 10 ans saura le faire, pas un enfant de 4 ans. Mieux vaut le savoir avant d'accéder à sa demande.

La décision d'acheter un animal domestique ne devrait pas se prendre sur un coup de tête ou sur un coup de cœur.

Simon, 3 ½ ans, aime jouer avec les autres, mais parfois il y a des querelles. C'est plus facile quand il joue avec un seul ami. Son meilleur ami, c'est Gabriel. Avec lui, il joue avec les petites autos : ils font des courses et ils ont parfois des accidents. Simon aime aussi faire des constructions avec ses blocs. Il sait conduire un tricycle et, quand il en fait, il porte un casque comme les grands qui font du vélo.

À présent, il est capable non seulement de lancer le ballon, mais il réussit souvent à l'attraper. Avec son père, il aime jouer à la lutte. Il sait bien que son père est plus fort que lui, mais il arrive que son père se laisse renverser ; Simon se sent alors très fort. Quand il n'a pas d'amis avec qui jouer, il lui arrive de rejoindre sa sœur de 5 ans et de jouer avec elle et sa maison de poupées. Il est le père et sa sœur, la mère. Parfois, il joue à l'ordinateur. Pour savoir ce qu'il doit faire, il a besoin que maman lui explique. Il ne peut pas jouer longtemps à l'ordinateur : seulement 15 minutes par jour. Comme il ne sait pas l'heure, c'est sa maman qui lui dit quand il doit arrêter.

Jouer, c'est vraiment l'activité préférée de Simon !

▶ **À partir de quel âge l'enfant profite-t-il de jouer avec d'autres enfants?**

Le jeune bébé n'a pas d'intérêt particulier pour les autres enfants. Il leur manifeste un intérêt semblable à celui qu'il porte aux adultes. Vers 1 an, cependant, il commence à s'intéresser aux autres enfants, même s'il ne joue pas encore avec eux. Il peut réagir à un enfant qui pleure en le caressant ou en l'embrassant. Entre 18 et 24 mois, son intérêt pour les autres enfants va grandissant. Il s'intéresse à ce qu'ils font non pour prendre une part active à leurs jeux, mais plutôt à titre d'observateur attentif: c'est l'étape du jeu parallèle. Son plaisir vient du seul fait qu'il se trouve à côté de d'autres enfants, par exemple dans un carré de sable ou dans une salle de jeu. Il n'y a pas d'activités partagées entre eux, mais ils aiment s'adonner à une même activité, l'un à côté de l'autre.

Vers 3 ans, l'enfant commence à jouer avec les autres, partageant une même activité, mais l'entente entre eux ne dure pas très longtemps. Il faut attendre vers 4 ans pour que les querelles soient moins fréquentes et les relations aux autres, plus harmonieuses.

Bref, l'enfant a avantage à côtoyer d'autres enfants, particulièrement à compter de 18 à 24 mois. Par ses activités qu'il fait d'abord à côté des autres, puis avec eux, l'enfant apprend graduellement à partager, à attendre son tour, à respecter les droits des autres, à coopérer dans une activité commune et à faire des compromis. Il découvre de la sorte les règles de la vie en société ainsi que les plaisirs de l'amitié.

Le jeu à la rescousse des parents

▶ **Comment rendre les déplacements en auto plus faciles avec les enfants?**

À part rêver de créer un «téléporteur», ce qui assurerait un déplacement instantané, vous pouvez proposer diverses activités à vos enfants pour rendre ces moments de déplacement plus agréables et même éducatifs.

Chanter. Vos enfants seront ravis d'entendre papa et maman chanter. Très rapidement, ils apprendront ces chansons et mêleront leur voix à la vôtre. Il peut s'agir de chansons folkloriques, de succès populaires de votre jeunesse ou même de chants classiques.

Raconter une histoire. Pourquoi pas une histoire collective où chacun y va de sa phrase afin de poursuivre l'histoire? Une telle histoire aura à coup sûr des dénouements inattendus qui raviront les enfants.

Racontez des anecdotes de votre jeunesse. Votre premier jour d'école, des vacances avec vos parents, une partie de pêche avec votre père… autant d'histoires qui permettront à vos enfants de vous connaître sous un jour nouveau.

Jeux d'observation. Invitez vos enfants à vous signaler une auto rouge, une vache ou un camion ou à nommer tout ce qu'ils voient de jaune comme le soleil. Demandez-leur d'imiter le cri des animaux qu'ils découvrent dans les champs.

Jeu du masculin/féminin. Un jeu vraiment amusant pour les enfants de 3 ans et plus. Si on dit *papa*, l'enfant doit répondre *maman; frère/sœur, grand-papa/grand-maman; chat/chatte.*

Jeu des syllabes. Vous dites une syllabe et les enfants, chacun à leur tour, doivent trouver un mot qui commence par cette syllabe. Par exemple, si vous dites « pa », votre enfant dira *papa, parapluie, papier.*

De la sorte, les déplacements en voiture deviendront l'occasion de stimuler le vocabulaire, l'imagination, la créativité et le sens de l'observation de vos enfants. Et vous arriverez à destination moins fatigués et vos enfants aussi. De plus, vous aurez créé une atmosphère agréable dont vos enfants se rappelleront. « Quand j'étais petit et qu'on allait en auto, c'était amusant ! »

Saviez-vous que...

Les marques de crayon de cire sur vos murs partent facilement si vous les réchauffez avec un sèche-cheveux pendant quelques secondes. Une fois la cire fondue, il vous suffit de l'essuyer.

▶ **Est-ce possible d'utiliser le jeu pour amener l'enfant à faire ses tâches quotidiennes plus facilement?**

Toute tâche proposée comme un jeu à un enfant en devient un pour lui. Regardons trois de ces tâches que l'enfant accomplira avec plaisir si vous les lui présentez de façon ludique.

Rangement de sa chambre

Pour inciter un enfant de 3 ans et moins à participer au rangement de sa chambre, on peut l'inviter à **faire dormir ses jouets,** en les déposant à l'endroit prévu à cette fin. À compter de 4 ans, il trouvera amusant de **ranger ses jouets par catégories**: il regroupera ses autos et camions, et les mettra au garage. Ses peluches seront heureuses de se retrouver dans un même endroit, même chose pour les poupées. Ainsi, ses jouets passeront une bonne nuit.

L'ourson préféré de l'enfant (ou son ami imaginaire) peut parfois être d'une certaine aide. En effet, comme il ne sait pas où ranger les jouets de l'enfant, ce dernier pourrait lui montrer l'emplacement de chacun. **La magie** aussi peut être utile. Le parent peut dire: «Tu veux faire de la magie? D'accord. Je ferme les yeux et je compte jusqu'à 10. Comme tu es magicien, je suis certain que tu auras réussi à faire disparaître tous tes jouets avant que je sois rendu à 10. On essaie?» Comptez lentement et surtout, félicitez-le pour son tour de magie réussi.

En invitant l'enfant à ranger ses jouets immédiatement avant une activité qu'il aime, vous augmentez sa motivation. «Quand tu auras rangé tes jouets, nous irons faire une promenade à l'extérieur (ou je te raconterai une histoire, ou tu pourras regarder ton émission de télévision). »

Une fois la chambre en ordre, faites remarquer à l'enfant qu'elle ressemble à un magasin de jouets où tout est bien rangé et qu'il lui sera facile de trouver ce qu'il cherche. Cela peut l'aider à conserver cette bonne habitude.

Lavage des mains

Combien de fois par jour dites-vous à votre enfant d'aller se laver les mains ? Et si vous faisiez en sorte que le lavage de mains devienne un tour de magie ? Le savon a sûrement des pouvoirs spéciaux puisqu'il fait disparaître la saleté. Le fait de proposer cette activité à l'enfant comme un tour de magie la rendra intéressante, davantage que si on fait appel à des notions d'hygiène qu'il risque de ne pas comprendre. Avant le repas, on peut lui demander en toute complicité s'il a fait sa magie et de nous montrer si son tour a bien réussi.

Prendre son bain

Prendre son bain devient une activité très agréable pour l'enfant si on lui permet de jouer. Il s'amuse alors à faire disparaître des parties de son corps sous la mousse, à les faire réapparaître, à faire flotter un petit bateau, à remplir et à verser un contenant d'eau sur ses bras, son ventre, ses cuisses. Il peut même faire des dessins sur son corps avec des craies magiques, dessins qui disparaîtront en frottant avec de l'eau. Il y a des chances qu'il ait toujours hâte de prendre son bain.

Rappelez-vous, l'enfant est toujours partant pour une activité qui ressemble à un jeu. À vous d'utiliser votre imagination et de rendre ces tâches amusantes.

▶ **Mon enfant a plein de jouets. Pourtant, au retour de la garderie, quand je lui suggère d'aller jouer dans sa chambre pendant que je prépare le souper, il ne veut pas. Que faire?**

L'enfant qui n'a pas vu ses parents de la journée n'aime pas particulièrement se retrouver seul dans sa chambre. Il préfère jouer à proximité de papa ou de maman qui peut, à l'occasion, converser avec lui et lui sourire.

Il ne semble pas savoir à quoi jouer? Ce n'est pas vraiment étonnant. De nos jours, les enfants ont un horaire très structuré. Le plus souvent, leur journée est organisée à la minute près par leurs parents et la garderie. Tant à la maison qu'à la garderie, ils doivent suivre une routine précise et respecter les consignes qui s'y rapportent. Ils ont rarement des moments libres qu'ils peuvent utiliser à leur guise. Alors, quand cela arrive, ils se sentent désemparés, incapables de décider quoi faire.

Au lieu de simplement dire à votre enfant de jouer, si vous lui suggériez des jeux amusants? Pourquoi ne pas l'inviter à faire un nouveau dessin à exposer sur le réfrigérateur, à préparer lui aussi un repas avec sa pâte à modeler ou à construire une tour avec ses blocs pendant que vous faites le souper? En lui donnant des suggestions, vous l'aidez à faire des choix de jeu et vous lui signifiez également que jouer est amusant. Graduellement, il apprendra à décider lui-même de ses jeux, à trouver quoi faire avec sa poupée ou ses petites autos. Par vos suggestions, vous aurez contribué à développer l'autonomie de votre enfant.

Si vous voulez vraiment faire plaisir à votre enfant, demandez-lui de devenir votre assistant. Portant un tablier comme tout bon assistant cuisinier, il peut déchirer les feuilles de laitue pour la salade, vous donner les carottes et l'oignon dont vous avez besoin ou mettre le couvert. Présentée comme un jeu, cette tâche ravira votre enfant : les enfants adorent aider quand ils n'y sont pas obligés. Ce sera là un moment agréable pour vous deux et vous répondrez de la sorte à son besoin d'attention après ces heures passées loin de vous.

Par ailleurs, comme tout le monde, un enfant a aussi besoin de moments d'inactivité, de solitude. Il a besoin de temps pour rêver. Vous le voyez regarder par la fenêtre depuis de longues minutes ? Ne concluez pas trop vite qu'il s'ennuie. Peut-être suit-il, fasciné, une goutte de pluie sur le carreau. Peut-être s'invente-t-il une histoire farfelue qu'il mettra en scène plus tard avec ses jouets. L'ennui n'est pas toujours négatif.

Pour en savoir plus...

BACUS, Anne. *L'éveil des tout-petits : Comment favoriser l'éveil et l'épanouissement de son bébé de la naissance à 18 mois.* Paris : Marabout, 2008. 159 p. (Marabout pratique)

FERLAND, Francine. *Et si on jouait ? Le jeu durant l'enfance et pour toute la vie.* Montréal : Éditions du CHU Sainte-Justine, 2005. 280 p. (Collection du CHU Sainte-Justine pour les parents)

HUERE, Patrice et coll. *Place au jeu ! Jouer pour apprendre à vivre.* Paris : Nathan, 2007. 143 p. (L'enfance en question)

MASI, Wendy S. *Jouer avec votre tout-petit : 100 activités amusantes pour maximiser le développement de votre tout-petit.* Saint-Constant : Broquet, 2002. 192 p.

WARNER, Penny. *Bébé joue et apprend : 160 jeux et activités pour les enfants de 0 à 3 ans.* Montréal : Éditions de l'Homme, 2005. 188 p.

WARNER, Penny. *Mon enfant joue et apprend : 150 jeux et activités pour les enfants de 3 à 6 ans.* Montréal : Éditions de l'Homme, 2005. 169 p.

Sources mixtes
Groupe de produits issu de forêts bien
gérées, de sources contrôlées et de bois
ou fibres recyclés
www.fsc.org   Cert no. SGS-COC-003885
© 1996 Forest Stewardship Council

Achevé d'imprimer en février 2009
sur les presses de l'imprimerie
LithoChic inc.
à Québec

Membre de l'Association nationale des éditeurs de livres